AF252580

LA FRANCHISE

DÉPUTÉE

PAR LA VÉRITÉ,

Pour rappeler aux Français quelques-uns des principes constitutifs du bonheur public et individuel.

PAR M. A. F. MARQUE DE LANTY, juge au tribunal de première instance, à Chaumont.

A CHAUMONT,

DE L'IMPRIMERIE DE COUSOT.

1814.

LA FRANCHISE

DÉPUTÉE

PAR LA VÉRITÉ.

DISCOURS.

Français! vous que j'ai toujours chéri, vous qui vous honorez de porter mon nom; les maux que vous souffrez depuis trop long-tems ont attristé mon cœur. L'expérience vous a-t-elle enfin convaincu de la fausseté de cette philosophie, cause de tous vos chagrins et de tous vos malheurs? Le bandeau de l'erreur et de l'illusion couvre-t-il toujours vos yeux, et leur ôte-t-il la vue de la pure lumière? Voulez-vous enfin combler l'abîme que les perfides conseils vous ont fait creuser? Si la paix éteint les volcans qui couvraient votre pays de leurs laves brûlantes, et menaçaient de l'engloutir; rendez-vous dignes de ses bienfaits par votre reconnaissance. Que le calme succède enfin à l'orage;

que la vertu vous rende ce caractère aimable qui vous élevait au-dessus de tous les peuples; qu'une tendre et sage union dirige vos pas sur la ligne du devoir; que vos actions n'aient qu'un seul et même but, celui du bonheur général; imposez un absolu silence aux clameurs du ressentiment et de la haine; fermez constamment l'oreille aux infernales leçons des ennemis de l'ordre et du bien public; que la saine raison soit toujours votre guide, elle ne vous égarera jamais, c'est votre constante amie qui vous donne ces avis; vous savez qu'elle est l'organe de la vérité; elle vient par son ordre vous rappeler quelques – uns des principes constitutifs du bonheur public et individuel; puissent-ils vous prémunir contre toute nouvelle séduction.

N'attendez de moi ni déguisement, ni cajolerie, ni fade complaisance. Pour arrêter les progrès du mal moral, et lui porter un remède salutaire, il faut le sonder jusques dans ses plus faibles racines. Pour rendre aux ressorts toute leur élasticité, il faut ôter la rouille qui les couvre. Ce n'est qu'en cicatrisant toutes les plaies, qu'on parvient à rétablir l'harmonie et le jeu des organes.

C'est l'abus que fait l'homme de ses facultés qui le rend malheureux et méchant: le mal moral est l'ouvrage de ses vices. Ses soucis, ses peines, ses chagrins viennent de lui; ils sont le juste châtiment de l'oubli de ses devoirs. Plus les passions ont d'empire sur l'esprit des peuples, et plus elles augmentent le mal moral; alors la contagion se propage avec rapidité dans toutes les classes de l'état. Cette contagion devient un mal général qui peut soit entraîner l'entière dissolution du gouvernement, soit occasionner une révolution qui déplace le gouvernement de dessus son axe, et l'expose à devenir la victime de la plus légère commotion: l'imminence du danger peut alors quelquefois rappeler les peuples aux vrais principes; réveiller dans leur cœur l'amour de la patrie, et les rendre au sentiment de la vertu: surtout s'ils prêtent une oreille attentive aux représentations de la sagesse et de la prudence. Les maux qu'ils ont éprouvé et qu'ils éprouvent encore, la crainte de les voir se multiplier, l'ardent desir et même le besoin du calme et du repos les déterminent enfin à reconnaître leur peu d'aptitude à tenir les rennes du gouvernement. Ils rappellent de leur exil ces magistrats sages et zélés que leur aveugle fureur avait proscrit; ils se remettent sous leur autorité, les investissent de leur ancien pouvoir, leur rendent toute leur confiance. Une juste fermeté en écartant les abus, rétablit l'équilibre, le gouvernement reprend son à-plomb; et la plus parfaite harmonie rend alors à l'état sa force, sa splendeur et sa félicité.

Philosophes vains et cruels qui avez fait servir contre la bienfaisante providence les bienfaits dont elle vous avait favorisé, c'est vous que

j'accuse être les auteurs des maux et des chagrins de la France. C'est vous que je cite au
tribunal de la vérité. Quel usage avez-vous fait
de cette sublime intelligence, de cette vive
imagination, de cette portion du feu céleste
qui vous avait été donné pour activer l'ému-
lation, féconder la matière, épurer les esprits
et les cœurs? Fiers des bienfaits que vous aviez
reçu, vous vous êtes crus supérieurs aux mortels moins favorisés que vous. Nouveaux Titans,
vous avez conçu le monstrueux projet de
chasser les dieux de l'Olympe, et de régner à
leur place : en entassant montagnes sur montagnes pour escalader les cieux, vous avez dérobé
au yeux des mortels l'éclat majestueux du
soleil, vous les avez privé de sa chaleur vivi-
fiante, vous les avez plongé dans les ténèbres
de l'erreur et des chimères. Vous avez cru
pouvoir dans le système du monde faire dispa-
raître cet ordre qui ne se démentira jamais.
Vos travaux ont causé plus de maux à vos
concitoyens que la boîte de Pandore n'a ré-
pandu d'affliction sur l'Univers.

Le Créateur en vous comblant de ses dons,
vous avait pour ainsi dire associé à son ouvrage :
il attendait de votre reconnaissance que vous
travailleriez au bonheur général. L'usage que
vous deviez faire du flambeau de la vérité dont
il vous avait rendu les dépositaires, ne devait-
il pas être celui d'éclairer vos concitoyens sur
l'intérêt public et individuel, de dissiper les

nuages de l'illusion, de montrer à découvert
la difformité des passions en les forçant de s'ar-
racher elles-mêmes leurs masques trompeurs
et perfides? Ne vous était-il pas possible d'obliger la cupidité à se dépouiller du manteau de
désintéressement et de générosité sous lequel
elle se cache? De forcer la haine à montrer le
poignard qu'elle cache sous la gase éblouissante
d'une fausse réconciliation? De contraindre
l'improbité à ne plus déguiser sa perfidie sous
le vêtement de la candeur et de la bonne foi?
N'était-ce pas à vous à démasquer l'hipocrisie?
A réduire au silence les serpens de l'envie? Si
vous eussiez été les amis de la vertu, la douceur
et la sagesse de vos leçons auraient éclairci les
teintes trop rembrunies du caractère sombre
et mélancolique; elles auraient calmé l'effer-
vescence de l'esprit ombrageux et bouillant;
elles auraient tempéré l'excès de la sensibilité,
adouci la fierté, rassuré la timidité, activé l'in-
dolence, préservé la trop grande douceur des
insultes de l'injustice et quelques fois du mépris;
elles auraient donné de la prudence à l'intré-
pidité, du courage à la pusillanimité, une juste
réserve à l'excessive confiance. Votre génie
devait être le sûr fanal pour diriger la navi-
gation des mortels sur la mer orageuse de la vie.

S'il est bon de savoir employer les hommes
tels qu'ils sont, il vaut beaucoup mieux encore
les rendre tels qu'on a besoin qu'ils soient; or
quel était le besoin du gouvernement français?

il ne pouvait vous être inconnu. Le temps qui se rit des ouvrages des mortels, avait couvert de rouille les ressorts qui faisaient mouvoir ce gouvernement; des frottemens et des chocs convulsifs annonçaient sa désorganisation; la morale la plus pure pouvait rendre à ces ressorts leur élasticité. Vous connaissiez ce remède, et votre insouciance, ou je ne sais quelle chimère, vous l'a fait négliger. Puisque votre supériorité vous donnait le droit de commander aux hommes, c'était à vous de les former. Si les loix constitutives du bonheur général eussent été l'objet de votre amour et de votre respect, c'était à vous qu'il appartenait de les faire régner, chérir et vénérer : il vous suffisait d'en démontrer à vos concitoyens la sagesse et l'utilité, et de leur donner l'exemple d'une parfaite soumission à leur volonté.

Pouviez-vous ignorer que les meilleures institutions sociales sont celles qui portent l'homme à la pratique de la vertu; et qui rectifient en lui le malheureux penchant au vice? Pouviez-vous vous dissimuler à vous-même que l'erreur en éloignant l'homme de la ligne du devoir, le rend constamment le jouet de toutes les passions? L'homme est naturellement enclin à ne considérer que lui seul. Sa faiblesse cependant, et ses besoins toujours renaissans, le rendent dépendant de la société; il en reçoit tous les secours nécessaires. Il vous était facile de rappeler dans son cœur le sentiment de justice,

et de lui faire sentir que par reconnaissance
il doit faire hommage à la société de ses lumières, de ses talens et de son industrie;
qu'il doit concourir de tout son pouvoir au
bonheur de cette société qui le protège, et qui
pourvoit si libéralement à tous ses besoins;
qu'il ne lui est pas permis de s'isoler pour ne
rêver uniquement qu'à son intérêt personnel.
C'était donc à vous à lui donner une existence
non absolue, mais relative, à l'obliger à trans-
porter cet orgueilleux Moi dans l'unité commune, tellement qu'il ne se crut plus un, mais
partie de l'unité, et qu'il ne fut plus sensible
que dans le tout. Ne saviez-vous pas que tout
gouvernement qui, par la sagesse de ses loix,
attache chaque individu à sa gloire et à sa prospérité est celui que le temps respecte, que les
peuples voisins craignent et admirent, et qui
jouit de toute la plénitude du bonheur. Insen-
sés réformateurs pourquoi dédaigner l'opinion
d'un de vos sectaires? Ne vous avait-il pas
dit, *que les peuples ainsi que les hommes ne sont
dociles que dans leur jeunesse : qu'ils deviennent
incorrigibles en vieillissant, que lorsque les cou-
tumes sont établies, et les préjugés enracinés,
c'est une entreprise dangereuse et vaine de vouloir
les réformer. Que le peuple ne peut pas même
souffrir qu'on touche à ses maux pour les dé-
truire; semblable à ces malades stupides qui fré-
missent à l'aspect du médecin.*
Telle supériorité que l'aveugle confiance a

pu vous donner sur les Législateurs, soit anciens soit modernes, vous n'obtiendrez jamais le plus faible rayon de la gloire des l'Hôpital, Sully, Daguessau, Colbert, etc. Ces pères du peuple, ces bienfaiteurs de la France, conduits par l'amour de leur patrie dans l'épineuse carrière de l'administration publique, marchaient d'un pas rapide et assuré vers le but auquel leur zèle leur prescrivait d'atteindre, celui de la gloire et du bonheur de leur patrie. Les obstacles s'applanissaient, les barrières s'abaissaient sous leurs pas. Chaque triomphe qu'ils obtenaient sur la licence des vices, donnait à leur courage un nouveau dégré de force et d'énergie; il était toujours le garant d'une nouvelle victoire. L'auguste vérité, fière de leurs succès, leur découvrait de nouveaux moyens de féconder les sources de la félicité publique, et leur faisait acquérir de nouveaux droits au respect et à la reconnaissance de leurs concitoyens: elle leur donnait le pouvoir de réprimer les passions dont la fougue suscite ces tempêtes qui ravagent les propriétés, désolent l'industrie, paralisent l'énergie, troublent le repos public et plongent dans la douleur toutes les classes de l'état.

Chers Français! ah puisse le temps effacer de votre mémoire les malheurs que la fausse philosophie vous a fait éprouver! Cette cruelle fille de l'erreur vous promettait l'union, la paix et l'abondance. Séduits par son astucieuse candeur et par sa vaine bienfaisance, vous avez prononcé l'ostracisme contre la sagesse et la vérité. Vous avez élevé cette ennemie de votre bonheur sur vos boucliers, et vous l'avez proclamé votre souveraine. Elle vous a fait épuiser pour elle tous les sermens de zèle, d'obéissance et de fidélité. Quels ont été ses bienfaits ? Votre dégradation, les brandons de la discorde, l'esclavage, la tyrannie, la guerre, la dépopulation, la haine des puissances, la misère, la famine et la mort.

Hâtons-nous de jeter un voile sur ce trop sinistre tableau ; occupons-nous plutôt des moyens les plus prompts et les plus efficaces pour cicatriser entièrement les plaies de l'état. Le malheur est un grand maître : ses leçons s'effacent lentement de la mémoire ; le regret et les remords les transmettent souvent de générations en générations : si le temps en efface quelques traits, l'ensemble du tableau peut encore être saisi par l'œil observateur. Puisque la providence a préservé du naufrage le vaisseau que la plus affreuse tempête a si long-temps tourmenté, et qu'elle a jeté contre tant de rochers ; occupons-nous à le réparer, à lui rendre sa première solidité, et qu'il puisse bientôt reparaître avec majesté sur le vaste Océan.

Français ! ne vous dissimulez plus à vous-mêmes la cause des maux qui ont couvert de deuil votre pays ; tous vos malheurs ont été causés par l'oubli de vos devoirs ; le premier de ces devoirs était de respecter les loix de la morale, de ne jamais vous permettre d'en attérer la pureté : les lois de la morale sont la digue la plus forte que la sagesse éternelle a élevé pour comprimer le torrent des vices. La morale est la gardienne des mœurs. Tout peuple qui a des mœurs pures, honore, chérit et pratique la vertu : il est nécessairement heureux, parce qu'il n'y a pas de bonheur sans la vertu. Un gouvernement sans vertu devient le domaine du vice, le vice y engendre la corruption, et la corruption le livre au néant.

On ne saurait employer un langage plus honnête que le vôtre, et voilà ce qui me frappe ; mais on ne saurait avoir des mœurs plus rélachées, et voilà ce qui me peine. Pensez-vous donc être devenus gens de bien, parce qu'à force de donner des noms décens à vos vices, vous avez appris à n'en plus rougir? Un étranger qui chercherait à se former une idée de vos mœurs sur l'état des sciences parmi vous, sur la perfection de vos arts, sur la politesse de vos manières, sur l'affabilité de vos discours, sur vos démonstrations per-pétuelles de bienveillance, et sur ce concours tumultueux d'hommes de tout âge et de tout état, qui semblent empressés depuis le lever de l'aurore jusqu'au coucher du soleil, à s'obliger réciproquement ; cet étranger, dis-je, devi-nerait exactement de vos mœurs le contraire de ce qu'elles sont. Pourquoi donc vous borner à n'avoir que l'extérieur des mœurs pures et honnêtes, puisque vous en reconnaissez vous mêmes l'utilité ? Pourquoi ne leur donnez-vous pas accès dans vos cœurs ? Croyez, croyez, chers Français, que les bonnes mœurs sont le gage assuré de la prospérité de l'état ; qu'elles font régner dans l'intérieur ce calme heureux, cette douce paix, cette fidèle union, qui font le charme et le bonheur de la vie.

Proscrivez à jamais ce vil égoïsme qui a brisé tous les nœuds par lesquels la sagesse de vos Législateurs vous avait uni à la cause commune. Que maintenant un religieux et universel respect des loix, une vigilance uniforme, un même esprit et un même zèle animent et dirigent tous vos efforts et tous vos soins pour féconder le lien public. C'est le plus sûr moyen de donner au gouvernement une force imposante, de l'environner d'une sainte majesté qui le fasse respecter de tous ses voisins, et de réparer promptement les ravages causés par les orages révolutionnaires. Livrez au mépris et à l'indignation publique tout homme qui abuserait, pour le malheur du genre humain, du génie et des talens que lui donna la nature. Ralliez-vous tous sous l'égide de la sagesse. Vous avez eu tout le temps d'observer que ces gens si paisibles sur les injustices publiques, sont toujours ceux qui font le plus de bruit au moindre tort qu'on leur fait, et qu'ils ne gardent leur philosophie qu'aussi long-temps qu'ils n'en ont plus besoin pour eux-mêmes. Ils ressemblent à cet homme qui ne voulait pas sortir de son lit, quoique le feu fut à la maison : la maison brûle, lui crie-t-on ? Que m'importe, répondit-il, je n'en suis que le locataire. A la fin le feu pénétra jusqu'à lui ; aussitôt il s'élance, il court, il crie, il s'agite ; il commence à comprendre qu'il faut quelquefois prendre intérêt à la maison qu'on habite, quoiqu'elle ne nous appartienne pas. Où est l'homme de bien qui ne doit rien à son pays ? Quel qu'il soit, il lui doit ce qu'il y a de plus précieux pour l'homme, la moralité de ses actions et l'amour de la vertu. Né dans le fond d'un bois, il eût vécu plus heureux et plus libre ; mais n'ayant rien à combattre pour suivre ses penchans, il eût été bon sans mérite, il n'eût point été vertueux, et maintenant il sait l'être malgré ses passions : la seule apparence de l'ordre le porte à le connaître, à l'aimer. Le bien public, qui ne sert que de prétexte au autres, est pour lui seul un motif réel, il apprend à se combattre, à se vaincre, à sacrifier son intérêt à l'intérêt commun : il n'est pas vrai qu'il ne tire aucun profit des loix ; elles lui donnent le courage d'être juste, même parmi les méchans : il n'est pas vrai qu'elles ne l'ont pas rendu libre, elles lui ont appris à régner sur lui.

Je dois encore vous le dire, chers Français, je ne sais pas composer avec le vice. Par quelle fatalité s'est-il fait, qu'instruit comme vous deviez l'être par l'Expérience, fille tardive des douleurs et des chagrins, vous ayez encore pu sourire à l'erreur, et faire gloire de l'avoir pour guide ? A peine les foudres de l'adversité cessaient de tonner sur vos têtes, à peine les cachots où gémissait l'innocence se sont ouverts, à peine la lassitude ne permettait plus aux bras homicides d'accumuler les victimes que la rage des ennemis de l'état ne cessait d'exiger, que je vous ai vu déifier la tyrannie, et faire brûler à ses pieds un encens que vous deviez réserver pour la vertu. Si c'est le sentiment de la terreur qui nécessitait votre hommage, vous n'en êtes que plus à plaindre à mes yeux. Jugez, jugez maintenant de l'avilissement où se met un gouvernement qui se permet de s'insurger contre son souverain légitime. L'union du peuple avec le prince constitue la force d'un état et en éternise la durée. Les conseils de cette fausse philosophie devaient nécessairement vous livrer d'abord au glaive de l'anarchie, puis à la verge de fer de la tyrannie.

Allons, Français, hâtez-vous de faire votre bonheur en concourant de tout votre pouvoir à la grandeur et à la prospérité de la France. Que le vice ne vous force plus à dresser des piéges à l'innocence, à aiguiser les poignards de la haine et de la vengeance, à combiner un plan d'attaque pour ravir à la candeur et à la bonne foi les domaines qu'ils tiennent de leurs ancêtres, à miner sourdement sous les pas de la dignité et de la grandeur. Ne permettez plus que l'hipocrisie vous trompe et vous séduise. Mettez des bornes que l'ambition ne puisse plus franchir. Qu'on ne voie plus la debauche lasser les bras d'Atropos à couper les fils qui attachent encore doulou-reusement à la vie les corps qu'elle a mutilé. Enfin ne souffrez plus que les passions gros-sissent les torrens de misère et de calamité publique. Puissiez-vous offrir chacun de vous le majestueux et sublime tableau que Young a tracé de l'homme vertueux. *Voyez, dit-il, ce sage placé par la vertu sous un ciel toujours pur, inaccessible aux orages des passions. Que son front est calme et serein ! Quelle douce fierté dans ses regards ! Les noirs soucis n'élèvent point jusqu'à lui leurs vapeurs mélancoliques. Soumis dans son espérance, et prévoyant l'avenir sans allarmes, ses craintes ne vont point jus-qu'à la terreur, ses soins jusqu'à l'inquiétude, ni ses chagrins jusqu'au désespoir. Tous ces sombres nuages roulant sur le monde sont bien au-dessous de la région qu'il habite : les foudres qui s'allument dans leur sein ne peuvent l'at-teindre ; il voit leurs feux impuissans s'éteindre et mourir à ses pieds. Tout ce vain bruit excite sa pitié sans troubler sa paix.*

L'homme sage s'estime très-heureux d'être dans la dépendance sociale ou sa faiblesse

l'a placé. Pour quelques légers dons qu'il fait
à la société dont il est membre, il en reçoit
au centuple la valeur. Chaque jour il peut
profiter des lumières de ses concitoyens pour
agrandir ses connaissances et perfectionner
ses talens. Il peut par son travail obtenir le
droit d'enrichir à son tour le domaine public,
d'être le bienfaiteur de sa patrie, de rendre
sa mémoire chère à ses concitoyens, et rece-
voir d'eux l'hommage le plus flatteur, celui
de l'estime, du respect et de la reconnaissance. Ainsi qu'on voit sur une prairie qu'ar-
rose un bienfaisant ruisseau, la verdure et
les fleurs prolonger le règne du printemps, et
l'abondance étaler en riant ses magnifiques
dons; de même les travaux de chaque citoyen,
dirigés et fécondés par l'amour de la patrie, et
par le zèle pour le bien public, donnent à
l'état une force, un éclat, une dignité qui
commandent l'admiration et le respect. Les
fléaux de l'adversité ne tracent que des foibles
sillons sur ce domaine public. La sagesse et
la justice maintiennent dans l'intérieur de
l'état le calme et la sérénité. Le mérite honoré,
les talens protégés répandent à pleine main
l'abondance : une sage économie pourvoit à
tous les besoins. La franchise rédige tous les
traités; l'honneur en assure l'exécution : le
vice tenterait en vain de surprendre la vigilance
publique; une égalité de bonheur resserre les
nœuds de confiance, d'estime et d'amitié qui

unissent tous les citoyens. Telle sera la splendeur de la France, si un même esprit anime
tous vos cœurs. Un peuple qui n'a qu'une
morale efféminée peut bien briller par quelques
petites qualités très-déliées qu'on appelle esprit, sagacité, finesse ; mais ces grandes et
nobles fonctions de sagesse et de raison qui
distinguent et honorent l'homme par des belles
actions, par des vertus, par des mâles et vi-
goureuses conceptions, n'appartiennent qu'aux
peuples religieux, adorateurs des loix de la
pure et sage morale.

Un point sur lequel j'insiste pour votre
bonheur présent et futur, c'est d'épurer
votre mode d'éducation, de le débarasser de
ces entraves sous le poids desquels il gémit.
Un sage instituteur doit plus s'occuper de
former le cœur que l'esprit de ses élèves :
une bonne institution n'est pas d'enseigner à
la jeunesse beaucoup de choses ; mais de ne
laisser jamais entrer dans le cerveau que des
idées justes et claires. Qu'une religieuse morale
apprenne de bonne heure à la jeunesse ses devoirs
envers son Créateur, son Roi, ses parens et la
société. Celui qui sait le mieux supporter les
biens et les maux de cette vie, est le mieux
élevé. Faites sentir à votre élève sa misère, sa
faiblesse et sa dépendance, afin qu'il connaisse
dès l'aurore de la vie qu'en quelque rang que
la Providence l'a placé, il ne doit point s'élever
au-dessus de sa portée, et que rien d'humain

ne lui semble étranger à lui. Pour vous faire connaître en quoi péche l'éducation qu'on donne aujourd'hui, je vais vous citer un pas-sage d'un de vos plus illustre philosophes. *Un précepteur lacédémonien, à qui l'on demandait par moquerie ce qu'il enseignait à son élève, répondit : Je lui apprendrai à aimer les choses honnêtes. Si je rencontrais un tel homme parmi nous, je lui dirais à l'oreille : Gardez-vous bien de parler ainsi, car jamais vous n'auriez de disciples ; mais dites que vous leur apprendrez à babiller agréablement, et je vous réponds de votre fortune.*

L'atmosphère n'est plus chargée de ces émanations sulphuriques et bitumineuses, présages certains des tempêtes et des orages ; tout annonce le calme et la sérénité ; le règne de la paix va commencer ; un astre bienfaisant reparaît sur votre horizon, sa douce influence va féconder le sol de la France ; les canaux de la félicité publique vont se rouvrir. Français ! que vos cœurs reconnaissans abjurent enfin leur erreur ; qu'ils deviennent le domaine de la vertu ; elle vous rendra cet heureux carac-tère qui vous donna le premier pas sur tous les peuples de la terre ; vous serez toujours par elle le vrai modèle d'attachement et de fidélité pour votre roi : si des........L'ombre de Louis XVI me défend de poursuivre ; au séjour de la béatitude éternelle, il conjure le Tout-puissant de sceller le pardon qu'accorda sa grande ame à ses persécuteurs : il le prie de rendre heureux le peuple qu'il chérissait. Il vient de désarmer la colère céleste : à sa prière l'Éternel a éteint la foudre dont son bras était armé pour annéantir la France. Il l'a rend à ses légitimes souverains ; montrez-vous dignes d'un tel bienfait par votre soumission, par votre fidélité, par votre zèle, et surtout par votre amour.

FIN.

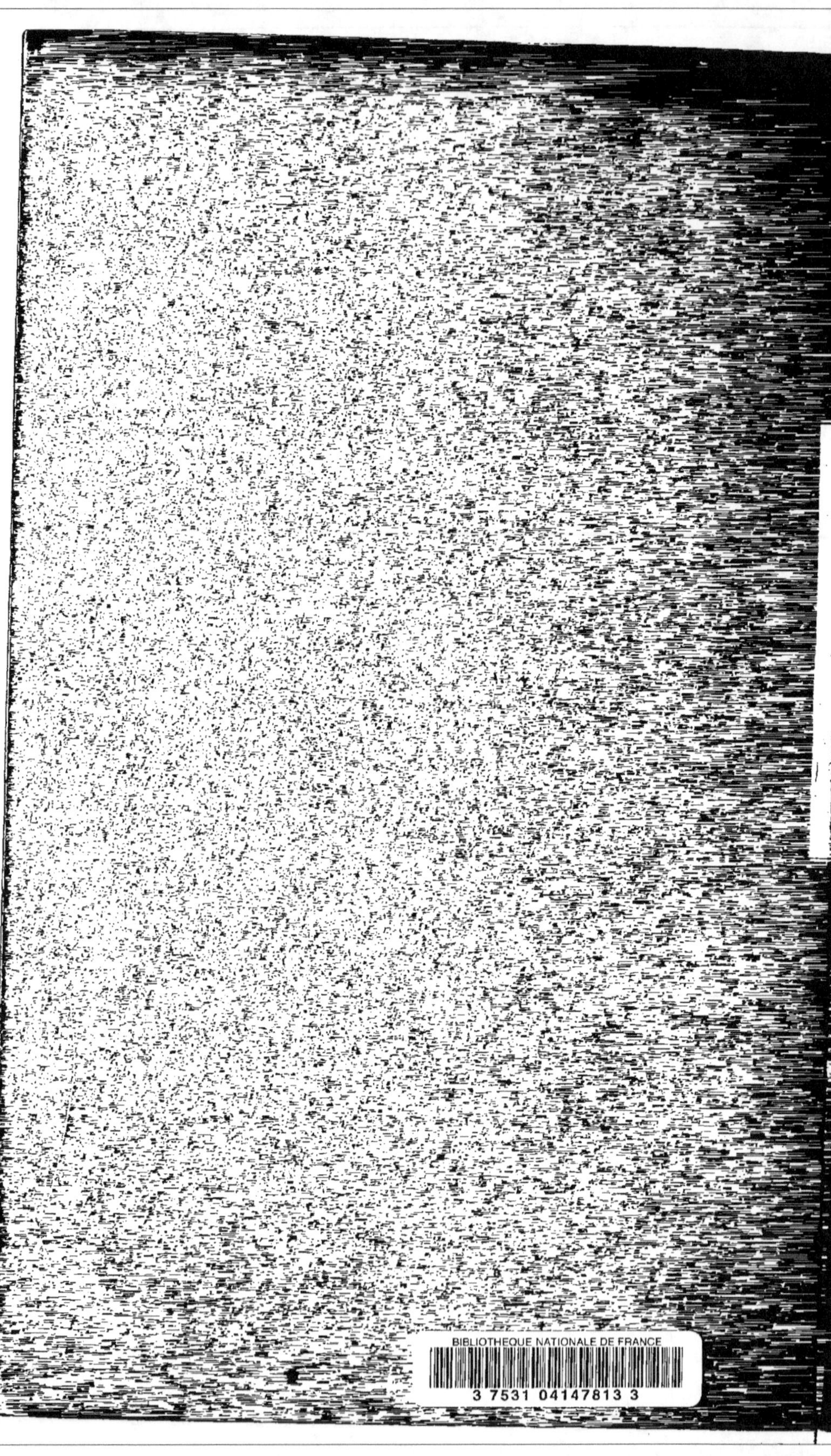